Gallimard Jeunesse/Giboulées Sous la direction de Colline Faure-Poirée

Conception graphique : Néjib Belhadj Kacem © Gallimard Jeunesse, 2010 ISBN : 978-2-07-063154-4 Premier dépôt légal : mars 2010
Dépôt légal : avril 2016 Numéro d'édition : 302111 Loi n° 49956 du 16 juillet 1949 sur les publications destinées à la jeunesse

Imprimé en France par Pollina - L75464I

# Polis pas polis

Textes : Dr Catherine Dolto et Colline Faure-Poirée
Illustrations : Frédérick Mansot

GIBOULÉES
GALLIMARD JEUNESSE

C'est tout doux, un petit caillou qui a beaucoup roulé dans la rivière, on dit qu'il est bien poli. C'est plus agréable à toucher qu'un oursin plein de piquants. La politesse, ça enlève les piquants de la vie et ça la rend plus douce pour tout le monde.

Dire bonjour, ça aide à se retrouver.
On ouvre la porte sur une nouvelle journée, on se donne du courage les uns aux autres. Même si on n'a pas envie de dire bonjour, on est content que les autres nous le disent.

Bonjour, les enfants !
Bonjour, Maîtresse !

Saluer quelqu'un en lui tendant la main et en le regardant avec un sourire, c'est le début d'une rencontre. Le sourire ouvre le visage.

Ce n'est pas impoli de préférer faire un sourire ou tendre la main plutôt que d'embrasser. On n'a pas toujours envie d'embrasser les gens ni qu'ils nous embrassent.

Quand on rend de petits services, on aime bien qu'on nous le demande gentiment et qu'on nous remercie ensuite. On nous demande d'être polis avec les grandes personnes, alors c'est normal qu'elles le soient avec nous. Même si ce n'est pas pareil d'être grand ou petit, la politesse fait plaisir à tout le monde.

Bonjour, Monsieur Edmond.
OH ! Merci, mon garçon !

Pour qu'un repas soit agréable, il faut que chacun soit attentif aux autres. C'est une rencontre entre humains, les petits cochons ne sont pas invités.
Si on n'a pas envie de partager les repas des grands, on peut le dire au lieu de faire l'idiot parce qu'on s'ennuie. Ce n'est pas impoli de ne pas avoir envie de rester à table, mais il faut demander la permission de s'en aller.

Il y a des adultes qui ne sont pas polis avec les enfants, ils ne leur disent ni bonjour ni merci, mais ils se fâchent si on ne les salue pas, ce n'est pas juste.

Se moquer et faire des grimaces quand les gens ne vous regardent pas, ce n'est pas poli même si c'est très amusant ; parfois ça peut faire beaucoup de peine.

AA 101 OA

Parfois on est en train de faire quelque chose qui nous plaît beaucoup, et quand quelqu'un arrive, on ne veut pas lui dire bonjour. Pourtant, quand cette personne s'en va, on aimerait qu'elle reste et on n'arrive pas à lui dire au revoir.
Toutes les grandes personnes ne comprennent pas cela et ça peut leur faire de la peine, c'est dommage.

Les animaux qui vivent avec nous
ne peuvent ni parler ni sourire,
mais ils savent bien nous saluer
ou nous montrer qu'ils sont tristes
quand on s'en va.

Quand tout le monde autour de nous est poli, tout se passe mieux et c'est plus agréable.

Bonjour, Papa !
Bonjour, ma chérie !

Dans la même collection :

1 Filles et garçons
2 Dans tous les sens
3 Des amis de toutes les couleurs
4 Bouger
5 La nuit le noir
6 Les chagrins
7 Les bêtises
8 Moi et mon ours
9 Les gros mots
10 Les papas
11 Les mensonges
12 Quand les parents sortent
13 On s'est adoptés
14 Vivre seul avec papa ou maman
15 Gentil méchant
16 Jaloux pas jaloux
17 Attendre un petit frère ou une petite sœur
18 Les mamans
19 Les câlins
20 Un bébé à la maison
21 À la crèche
22 Les colères
23 Les bobos
24 Les grands-parents
25 Attention dans la maison
26 Mon docteur
27 Les doudous
28 Propre
29 Les cadeaux
30 Si on parlait de la mort
31 Respecte mon corps
32 Les parents se séparent
33 Pipi au lit
34 Tout seul
35 Ça fait mal la violence
36 Les premières fois
37 Prends soin de ta planète
38 Dire non
39 La télévision
40 Y'en a marre des tototes
41 Caca prout
42 La peur
43 Donner
44 Polis pas polis
45 Les jumeaux
46 L'opération
47 L'hôpital
48 Les urgences
49 Chez le psy
50 L'amitié
51 La famille
52 La naissance
53 J'ai deux pays dans mon cœur
54 Juste pas juste
55 Changer de maison
56 La maternelle
57 Vivre avec un handicap

58 La honte
59 Frères et sœurs
60 Bouder
61 Raconte-moi une histoire
62 Les animaux de la maison
63 Les vaccins
64 La timidité
65 Fâchés, pas fâchés
66 La rue, mode d’emploi
67 Les allergies
68 Prêter
69 À la cantine
70 Ma famille recomposée
71 Les nounous
72 Faire confiance
73 Pourquoi tu pleures ?
74 Obéir désobéir
75 Bien vivre tous ensemble